P'tit curieux

Les rapaces

ISBN : 978-2-36653-243-2
Dépôt légal : mars 2016

Achevé d'imprimer : février 2016

Conforme à la loi n° 49.956 du 16 juillet 1949 sur les publications destinées à la jeunesse.
Imprimé en Pologne par Edica.

P'tit curieux

Les rapaces

Emmanuelle Kecir-Lepetit

Grenouille
éditions

Sommaire

RAPACES, QUI ÊTES-VOUS ?

Qu'est-ce qui relie l'aigle royal à la chouette hulotte, le hibou grand-duc au vautour fauve, le faucon pèlerin au gypaète barbu ? Les rapaces forment un groupe d'oiseaux très différents. Certains vivent la nuit, d'autres le jour. Certains planent au-dessus des plus hauts sommets du monde, d'autres se faufilent au creux des sous-bois. Certains peuplent la savane, d'autres la toundra. Pourtant, ils font tous partie d'une même famille : celle des « oiseaux de proie ».

Des oiseaux... armés !

En dépit de leur taille variable – les plus grands aigles ou vautours font entre 3 et 4 m d'envergure, le plus petit faucon la taille d'un étourneau –, les rapaces sont reconnaissables au premier coup d'œil. Leur corps est trapu avec de grandes ailes, un cou court et épais. Leurs pattes, garnies de culottes de plumes, se terminent par des tarses (des doigts) puissants, couverts d'écailles. Mais ce qui les caractérise surtout est la possession de serres tranchantes et d'un bec crochu : ce sont leurs armes de prédation.

Des serres pour saisir

Les pattes des rapaces se terminent par 4 doigts qui peuvent s'écarter grâce à des phalanges très longues. L'intérieur (la « sole ») est garni de coussinets rugueux leur permettant de mieux maintenir leurs proies. Ces serres (hormis celles du vautour) sont munies d'ongles effilés et recourbés : autant dire des griffes redoutables ! Elles leur servent à saisir leurs proies et à les tuer, quasi instantanément, par simple pression !

Un bec pour découper

Le bec est plus ou moins allongé mais toujours étroit ; sa partie supérieure se termine par un crochet venant s'encastrer dans la partie basse, qui a une forme de gouttière. Ce bec a valu autrefois aux rapaces le surnom de « becs crochus ». Ils l'utilisent comme un couteau pour dépecer leurs proies, en déchirer les chairs et racler les os.

La dent qui donne la mort

Le bec des faucons est en plus muni d'une dent très pointue, située sur le côté de sa partie supérieure. Elle leur sert à cisailler les vertèbres cervicales de leurs victimes d'un coup net, pour leur donner une mort rapide !

Un oeil... d'aigle !

La tête spéciale des rapaces est le siège d'un organe qui atteint chez eux des prouesses d'efficacité : l'œil. Le leur est gros et rond, protégé par une large arcade sourcilière. La vision des rapaces est à la fois plus large et de 3 à 4 fois plus précise que celle de l'homme. C'est l'une des plus performantes du monde animal !

Incroyable !

Proportionnellement à leur taille, les rapaces ont de bien plus gros yeux que nous : si on se comparait à un aigle, nos yeux devraient avoir la taille de pamplemousses !

Une tête qui pivote dans tous les sens

En plus de leurs serres et de leur bec, les rapaces possèdent une autre particularité : le trou situé à la base de leur crâne est orienté vers le bas, ce qui leur permet de tourner la tête, pour certains, jusqu'à 270 degrés – pour comparaison, la tête des humains pivote à... 90 degrés seulement !

Pourquoi ?

Ainsi, les rapaces peuvent scruter les environs de façon panoramique, sans avoir à bouger le reste du corps. Pratique pour chasser en toute discrétion !

Les meilleures jumelles du monde

Les yeux des rapaces fonctionnent à la fois comme des loupes grossissantes et comme des télescopes. Ainsi, un faucon peut discerner un objet de 2 mm à une hauteur de 18 m et un aigle un objet de 16 cm à 1 500 m !

Ils voient plus de couleurs que nous...

Tels des écrans d'ordinateur, leurs yeux peuvent également amplifier la luminosité d'une scène, accentuer les contrastes en rehaussant les couleurs chaudes (rouges, orangées, jaunes) par rapport aux froides (bleutées, vertes). Leur vision est quadrichromique : ils voient les ultra-violets. Ces adaptations les aident à détecter les animaux les mieux camouflés dans leur environnement.

Voir la nuit

Les rapaces nocturnes ont une capacité supplémentaire : ils voient dans le noir grâce à des rétines constituées à 90 % de cellules photosensibles. Leurs yeux, énormes, sont rapprochés, situés sur l'avant du crâne, ce qui leur confère en outre une excellente vision binoculaire capable d'estimer les distances, les reliefs, les mouvements : pratique pour repérer un animal qui se déplace la nuit !

Où sont leurs oreilles ?

À l'instar de l'ensemble des oiseaux, les rapaces nocturnes n'ont pas d'oreilles visibles, mais de simples orifices auditifs cachés sous leurs plumes. Or, ces trous ne sont pas situés sur les côtés de leur tête, comme chez les autres espèces, mais à l'avant, sur leur masque facial. Ils ne sont pas situés non plus à la même hauteur : le droit est près de l'œil, le gauche à côté du bec. Grâce à ce décalage, ils entendent les sons en différé : comme « en relief » ! Ils peuvent ainsi localiser l'origine d'un bruit et la distance qui les en sépare au millimètre près. On peut bander les yeux d'une chouette, elle continue de chasser avec succès !

Le sais-tu ?

Ne confonds pas les aigrettes qui ornent la tête des hiboux avec des oreilles ! Ce sont de simples touffes de plumes qui serviraient à ces oiseaux à exprimer leurs émotions. Les chouettes, elles, n'en ont pas.

Une ouïe ultra-fine

La vision des rapaces nocturnes est complétée par leur sens très développé de l'audition. Ils entendent le moindre bruit dans la nuit, même le plus ténu. La grosse tête des chouettes et des hiboux, ornée d'un disque facial en forme de parabole, sert d'ailleurs à cela : concentrer tous les bruits vers leurs oreilles.

Des oiseaux qui font peur !

Les rapaces ont de tout temps fasciné les hommes. Ils furent même élevés au rang de dieux par certains peuples. Mais chez nous, ces oiseaux aux gros yeux inquiétants, au bec crochu et aux serres acérées ont longtemps été considérés avec méfiance, dégoût et peur. Autrefois, on clouait une effraie aux portes des granges pour conjurer le mauvais sort ! On croyait que les aigles dévoraient les enfants dans les montagnes ! Les rapaces ont été exterminés. Beaucoup ont failli disparaître de nos régions.

Le sais-tu ?

Ils sont protégés par la loi dans notre pays depuis 1972. Il est absolument interdit de leur faire du mal !

CHAMPIONS DES AIRS

Une autre caractéristique des rapaces est leur maîtrise de l'espace aérien. Certains évoluent en rase-mottes au-dessus des prés et des marais, d'autres zigzaguent dans l'enchevêtrement de branches des forêts, d'autres encore planent dans l'immensité libre des cieux. Mais tous ont un point commun : quel que soit leur style de vol, ils sont les meilleurs dans leur domaine.

Leur secret : la légèreté

Les rapaces ont des os creux, reliés à leurs poumons, et donc capables de se gonfler d'air. Ils ont aussi des poches d'air sous la peau. Ils boivent très peu, pour ne pas s'alourdir. Malgré leur taille parfois imposante, ils sont donc très légers. Exemple ? Le vautour fauve, avec ses 2,70 m d'envergure, ne pèse que… 8 kg !

Un vol en yo-yo

Pour zigzaguer entre les taillis, les chouettes et les hiboux louvoient en volant de haut en bas et de bas en haut, comme suspendus au bout d'un élastique. Mais ils sont aussi capables de faire des piqués acrobatiques et même de voler sur place : la chouette hulotte le fait devant les buissons, en les effleurant de ses grandes ailes pour effrayer les petits oiseaux pendant leur sommeil et les capturer au moment où ils s'enfuient !

« Malgré leur taille imposante les rapaces sont très légers. »

As-tu remarqué ?

Les rapaces ne planent jamais par temps de pluie ou le matin à l'aube. Par contre, on les observe souvent à partir de midi, même en plein été. Les colonnes d'air chaud sont alors beaucoup plus porteuses !

Planeurs dans l'âme !

Grâce à leurs longues ailes, soutenus par un squelette puissant, les rapaces diurnes sont les spécialistes du vol plané. On les voit souvent, ailes largement déployées, tournoyer au-dessus des campagnes, montagnes, savanes ou déserts du monde entier ! Ce vol très reposant – il ne leur coûte aucun effort – leur permet de manifester leur présence sur leur territoire et de l'inspecter à la recherche de proies.

Est-ce le vent qui les porte ?

Non ! Ce sont les courants d'air chaud créés par le soleil, lorsqu'il chauffe le sol. En montagne, où la roche est à nu, ils sont très forts. Comme toute masse d'air chaud, ces courants sont ascendants : ils montent en tournant sur eux-mêmes. C'est pourquoi les rapaces décrivent des cercles dans les airs !

Des ailes taillées pour planer

Les ailes des grands rapaces sont longues et larges, offrant une grande prise à l'air. Leur extrémité est digitée : leurs plumes, très rigides, y ont la forme de doigts, capables de s'écarter, de se relever ou de s'abaisser à volonté, comme les volets sur les ailes des avions, afin de canaliser les turbulences ! La queue, étalée, sert de gouvernail. La tête, petite, rentrée dans les épaules, aide également au vol.

Le vol glissé

En pliant légèrement les ailes et en resserrant leur queue, les rapaces passent à un autre type de vol – glissé – grâce auquel ils peuvent parcourir de longues distances, poussés par la force du vent. Ils utilisent aussi ce vol pour descendre par paliers, une fois qu'ils sont montés très haut dans les airs. Ou bien pour dériver sur les courants de pente en montagne, frôlant falaises et ravins, à la recherche de proies.

Un habit sombre

Tous les planeurs se caractérisent aussi par leur plumage foncé. Cette coloration est due à un pigment, la mélanine, dont la présence est liée à l'exposition solaire, et donc à la pratique du vol plané. En plus, les plumes sombres résistent mieux au frottement de l'air !

Des acrobates

Quand le vent ou les courants manquent, les rapaces sont obligés de battre des ailes. Si les purs planeurs ne sont pas à l'aise avec cet exercice, il est la spécialité de ceux, plus petits, qui vivent entre prairies et landes : busards, faucons, autours, éperviers... Leurs ailes moins larges, leurs plumes souples leur autorisent d'époustouflantes acrobaties. Notons que leur habit, du brun au blanc en passant par le roux ou le gris, est souvent plus clair que celui des planeurs.

Voler sur place n'est pas l'apanage du colibri !

Eh oui : de nombreux rapaces réussissent aussi cet exploit. Ils peuvent se maintenir, suspendus dans les airs, face au vent. Ailes coudées, plumes écartées, queue plus ou moins étalée, pattes sorties en stabilisateurs, les buses pratiquent le vol sur place, tout comme le circaète ou le faucon crécerelle. Immobiles en apparence, leurs ailes vibrent pour s'adapter aux infimes variations du vent. Ce vol plané sert à chasser à l'affût : dès que la proie est repérée, ces oiseaux plongent en un piqué vertigineux !

L'art du piqué

Tous les rapaces le pratiquent. Il leur sert à montrer leur puissance lors des parades nuptiales et pour chasser. Le piqué consiste à plonger à toute vitesse vers le sol, puis à remonter en chandelle en utilisant la vitesse acquise pendant la descente comme force motrice. Les deux maîtres du genre sont l'aigle royal, au style grandiose, et le faucon pèlerin, si habile, si rapide qu'il est recherché et domestiqué depuis la nuit des temps.

« Le vol plané sert à chasser à l'affût. »

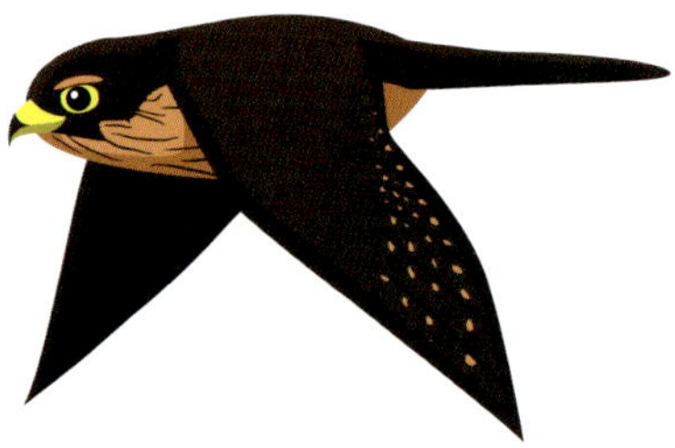

Un fouet qui claque !

Le faucon pèlerin pratique le vol plané jusqu'au moment où il repère sa proie. Il s'envole alors dans la direction opposée et s'élève à une vitesse prodigieuse jusqu'à disparaître à la vue. Ce n'est qu'une feinte ! Le voici soudain qui fond, ailes collées au corps, comme une balle vers sa cible. Juste avant le choc, il écarte les ailes pour freiner, ce qui produit le son d'un fouet qui claque, perceptible de très loin. Il percute sa proie au niveau du dos, la ceignant de ses serres ouvertes : l'impact la tue souvent sur le coup.

Le sais-tu ?

La vitesse du faucon pèlerin en plein piqué peut avoisiner 400 km/h !

Voler en silence

Le vol des rapaces nocturnes, lui, est bien différent. Lent et ondoyant, il est silencieux. Quand un hibou atterrit sur une branche, on entend... la branche. Ces ninjas des forêts ont un plumage soyeux, quasi laineux, à la surface veloutée ; le bord de leurs ailes rondes est pourvu de barbules duveteuses qui étouffent les sons. Même leurs tarses sont couverts de plumes ! Ainsi, personne ne les entend arriver, et eux qui s'orientent à l'oreille ne sont pas gênés par le bruit de leurs propres ailes.

DES OISEAUX CARNIVORES

Voraces, les rapaces ? Longtemps, les hommes les ont considérés comme des tueurs-nés, de terribles prédateurs qui s'en prenaient au bétail et aux enfants ! Certains d'entre eux, charognards, provoquent encore aujourd'hui le dégoût. Rapax *en latin vient de* rapere, *qui signifie « emporter précipitamment ». De nos jours, pourtant, les habitudes alimentaires des rapaces sont mieux connues. On a découvert que la grande majorité de ces oiseaux ne chassaient que de petites proies, et surtout des rongeurs (souris, mulots, rats des moissons).*

Un menu varié

Les rapaces se caractérisent par la diversité de leurs repas. Opportunistes, ils s'adaptent à ce qui leur tombe sous le bec, avalant aussi bien petits mammifères, oiseaux, poissons, batraciens, lézards et serpents, insectes et vers de terre ! Enfin, même les chasseurs les plus doués dévorent des charognes quand les proies se font rares.

Comment sait-on ce qu'ils mangent ?

Leur estomac ne digère pas les os, les poils ou les carapaces d'insectes. Or, la plupart avalent leurs proies tout rond. Après leur repas, ils régurgitent donc ces déchets au pied de l'endroit où ils nichent, sous forme de boulettes pas très ragoûtantes, qu'on appelle les « pelotes de réjection ». C'est en les étudiant que les scientifiques ont découvert quel était le véritable régime alimentaire de ces oiseaux autrefois tant redoutés.

Le sais-tu ?

On ne trouve jamais de plumes dans les pelotes, car, quand ils tuent un oiseau, les rapaces le plument avant de le dévorer !

L'aigle royal, superprédateur !

L'aigle chasse, mais il n'est chassé par personne – à l'exception de l'homme, parfois. Il occupe donc le sommet de sa chaîne alimentaire, ce qui fait de lui un superprédateur. Parmi les oiseaux, il est le seul à tenir ce poste avec le grand-duc, le plus grand des hiboux. Mais attention : cela ne signifie pas que l'aigle est un monstre sanguinaire, ni qu'il a des « superpouvoirs » de chasse.

Les proies de l'aigle

L'aigle royal est incapable de tuer un grand mammifère et il ne peut soulever qu'un poids maximal de 4-5 kg. Ses plus grosses proies sont des faons ou de jeunes chamois. La plupart du temps, il se contente de lapins, de marmottes, de tétras (un oiseau des Alpes), de lézards et de serpents. Il peut même s'attaquer à des tortues !

Sa technique de chasse

Elle se compose d'un vol plané ou glissé, suivi d'un piqué impressionnant, ailes à demi fermées. En arrivant sur sa proie, l'oiseau bascule le bassin vers l'avant, tend les pattes et ouvre les serres, crochète sa victime, puis repart illico pour la dévorer dans son aire. Cette technique est la même pour de nombreux rapaces.

Superpuissant ?

Seules 9 % des attaques de l'aigle royal sont couronnées de succès. Donc, non, il n'a pas de superpouvoirs.

Les viscères et le foie d'abord !

C'est ce que dévorent les grands rapaces en premier, quand ils tuent une grosse proie. Cela paraît cruel, mais ce sont les organes les plus riches en protéines, et donc les plus énergétiques. Ces oiseaux ne mangent pas tous les jours. En conséquence, quand ils trouvent une belle proie, ils se concentrent sur les morceaux qui leur donneront le plus de forces.

Le vautour, un rapace pas comme les autres

Avec le gypaète, il est le seul à être exclusivement charognard. Ses serres, aux doigts épais et aux ongles courts, sont faites pour marcher, et non pour attaquer. Son bec est long et gros, pour fouiller les carcasses et arracher la chair en lambeaux. Son cou et sa tête sont déplumés (mais couverts de duvet), pour éviter de le gêner. Le vautour se nourrit surtout de cadavres d'ongulés : bétail, chamois, antilopes…

Savez-vous casser des os ?

Le gypaète barbu se distingue du vautour par sa gorge et sa tête emplumées (d'où son nom de « barbu »). Lui ne fouille pas les entrailles des cadavres, il préfère picorer la chair fraîche des animaux morts depuis peu de temps. Il se nourrit avant le vautour mais revient après, quand il ne reste plus du cadavre que le squelette, car il adore aussi manger les os ! Il est d'ailleurs le seul de tous les rapaces à pouvoir les digérer. Il emporte les plus gros dans ses serres et les lâche au-dessus des rochers, pour les briser.

Profession : éboueur

Malgré leur mauvaise réputation, les charognards jouent un rôle très positif dans la nature. Ils la nettoient de ses déchets, empêchant que les maladies se propagent. En plus d'être charognards, certains se nourrissent de détritus (poissons morts dans les lacs, poubelles). C'est le cas du milan noir, qui hiverne en Afrique : il y joue le rôle d'éboueur, débarrassant les rues des villes et des villages de tous leurs déchets !

Miam : des insectes !

Les plus petits rapaces, du fait de leur taille, se régalent surtout d'insectes. C'est le cas du faucon crécerellette (30 cm de haut et 130 g), qui parcourt les prairies à faible altitude à la recherche de criquets, hannetons, libellules, mille-pattes, araignées. Le minuscule hibou petit-duc (20 cm de haut et 80 g), lui, est friand de papillons de nuit et de sauterelles !

La chasse en rase-mottes

Ce mode de chasse est la spécialité des rapaces qui peuplent nos campagnes : busards, faucons, éperviers, autours, mais aussi chouettes et hiboux. Ces oiseaux volent à très basse altitude, frôlant les hautes herbes, les roseaux, les haies à la recherche de petits rongeurs ou autres bestioles. Dès qu'ils en repèrent un, une pirouette, et l'affaire est dans le bec ! Ils pourchassent également les oiseaux et parviennent souvent à les capturer en plein vol.

Tout vient à temps à qui sait attendre...

La chasse à l'affût est l'autre spécialité des rapaces. Beaucoup passent une partie de la journée (ou de la nuit) perchés sur une branche ou un poteau, immobiles. Ils sont si statiques qu'on ne les voit plus ! Leur plumage tacheté les aide à se fondre dans le paysage. Une fois la proie repérée, ils descendent en piqué sur leur victime.

« Le balbuzard et le pygargue sont amateurs de poissons. »

Quelques rapaces spécialisés

Il existe quelques espèces dont le régime alimentaire est beaucoup plus restreint. C'est le cas de la bondrée, qui ne mange pour ainsi dire que des guêpes ! Le circaète et le serpentaire se nourrissent de serpents ; le balbuzard et le pygargue sont amateurs de poissons.

RAPACES, COMMENT VIVEZ-VOUS ?

Discrets, farouches, ils sont souvent difficiles à apercevoir. Pourtant, ils sont bien là, autour de nous. En Occident, la France est le pays où nichent le plus grand nombre de rapaces. Ces oiseaux ont des mœurs peu connues. Il est rare de pouvoir observer leur nid, baptisé « l'aire ». Et pour cause ! Il est souvent juché en hauteur… quand il existe, car certains n'en font pas.

Sur tous les continents

Les rapaces ont colonisé tous les milieux terrestres (à l'exception de l'Antarctique), y compris les milieux extrêmes. Mais c'est dans les régions tempérées et tropicales que l'on trouve le plus grand nombre d'espèces, en raison de l'abondance de nourriture disponible tout au long de l'année.

« C'est dans les régions tempérées et tropicales que l'on trouve le plus grand nombre d'espèces. »

Des rapaces venus du froid

Il existe des espèces adaptées à la vie dans le Grand Nord. C'est le cas des chouettes dites « polaires », à commencer par le majestueux harfang des neiges. Mais aussi de la buse pattue, aux pattes couvertes d'une chaude culotte de plumes, et des faucons gerfaut, pèlerin et émerillon.

Prédateurs du désert

D'autres rapaces ne se rencontrent qu'au-dessus des savanes brûlées par le soleil, des déserts de rocaille ou des garrigues : c'est le cas du faucon lanier d'Afrique du Nord, du circaète mangeur de serpents ou encore du percnoptère d'Égypte.

Y a-t-il des rapaces marins ?

Pas à proprement parler : même si le pygargue (que l'on surnomme « l'aigle de mer ») se nourrit de poissons, il ne s'aventure jamais au large et préfère fréquenter les côtes, le bord des lacs ou des fleuves, à l'instar du balbuzard. Les rapaces ne sont pas des oiseaux marins.

Ont-ils un territoire ?

Bien sûr : celui-ci correspond au périmètre qu'ils visitent chaque jour, ou régulièrement, pour chasser. Les grands rapaces y sont très attachés et y règnent en maîtres. Il peut mesurer de quelques hectares (pour un petit rapace comme l'épervier)… à 160 km^2 pour le grand aigle royal ! C'est le gypaète qui a le plus grand territoire : 300 km^2 dans les Pyrénées, 700 km^2 en Afrique, et certains couples rayonnent sur une surface de 5 000 km^2 !

Est-ce qu'ils migrent ?

La plupart ne migrent pas, car ce sont des oiseaux casaniers, attachés à leur territoire, et qui savent adapter leur régime alimentaire. Les quelques migrateurs sont soit des habitants du Grand Nord (tel le faucon pèlerin, mais quand il niche chez nous, il ne migre pas), soit au contraire des espèces adaptées à la chaleur : milan noir, percnoptère, circaète, faucon hobereau. Ces oiseaux passent la belle saison près des rives de la Méditerranée et voyagent vers l'Afrique quand l'automne arrive. La bondrée migre en raison de son régime alimentaire spécialisé : en hiver, elle va chasser la guêpe dans les pays chauds !

Le sais-tu ?

L'aire de l'aigle royal mesure de 2 à 3 m de diamètre et presque 1 m de profondeur ! C'est un très grand nid.

Font-ils un nid ?

Pas tous : c'est d'ailleurs un facteur utilisé par les ornithologues pour les classer en plusieurs familles. Tous les aigles, milans, vautours, autours, éperviers, buses, busards et balbuzards, se construisent un nid, souvent grand et massif : on l'appelle « l'aire ».

Où est-il caché ?

Pour l'apercevoir, il faut souvent lever la tête. Dans les arbres, il est situé entre 5 et 30 m du sol. Les grands rapaces (aigle royal, vautour fauve, gypaète) installent le leur encore plus haut, sur une falaise inaccessible. Cette position favorise l'envol des jeunes rapaces, qui n'auront qu'à se jeter dans le vide et à se laisser porter par les courants thermiques. Et bien sûr, elle assure la tranquillité de ses occupants !

Multipropriétaire

Les grands rapaces ont plusieurs nids, répartis sur leur territoire : le gypaète en a 5 en moyenne.

Ouh, les paresseux !

Certaines familles, enfin (chouettes, hiboux, faucons), ne s'embêtent pas à faire de nid ! Ils récupèrent un vieux nid de corneilles abandonné qu'ils retapent un peu ou se contentent d'un arbre creux, de l'abri d'une grange ou d'un clocher. Le faucon pèlerin fait souvent son nid par terre, en grattant le sol. Le grand-duc loge dans une vire : un trou dans une paroi rocheuse, dont l'entrée est masquée par la végétation, et donc invisible !

Des aires... par terre !

Certains petits rapaces diurnes de nos campagnes (l'épervier, par exemple, ou les busards) font exception : ils se bâtissent un nid au sol, dans les haies ou les bosquets ou sous les roseaux. On peut y accéder facilement, mais il est très difficile à repérer !

DE GRANDS AMOUREUX ET DE BONS PARENTS

Chez les rapaces, l'amour est une chose sérieuse. Beaucoup parmi eux sont fidèles à vie, après s'être choisis lors de parades nuptiales époustouflantes. Ils se reproduisent au cœur de l'hiver ou au début du printemps. Leurs oisillons sont couvés, nourris et choyés avec le plus grand soin. Savais-tu par exemple que les rapaces « parlaient » à leurs petits, même à travers la coquille de leurs œufs ?

Unis pour la vie !

La plupart des rapaces ne changent pas de partenaire chaque saison. Lorsqu'ils se choisissent, c'est pour la vie. Ils restent attachés à leur couple comme à leur territoire. Ce qui ne les empêche pas de se (re)séduire tous les ans, au moment de faire des petits...

Des parades virtuoses

Et pour se séduire, quand on est oiseau, on vole, mais pas n'importe comment. Les parades nuptiales des rapaces sont spectaculaires : ainsi, celle du mâle busard des roseaux qui fonce à haute altitude, redescend en piqué, enchaîne les loopings, remonte en chandelle, bascule d'une aile sur l'autre, mime une attaque sur la femelle et lui offre pour finir une proie en plein vol. Après tout cela, elle craque forcément !

Monsieur bricolo et Madame déco

Après s'être séduits, les couples se choisissent un nid, ou du moins un abri. Les grands rapaces réutilisent souvent celui de l'année précédente en le « rénovant » (c'est ainsi que leur nid devient au fil des ans de plus en plus grand !). En général, c'est le mâle qui assure le transport des matériaux (branches, herbes, mousses, chiffons, voire laine de mouton pour la finition) et la femelle qui s'occupe de l'aménagement intérieur.

Voulez-vous « danser » avec moi ?

Les plus grands rapaces sont encore plus « romantiques » : ainsi, les vautours, pour se prouver leur « amour », volent en feston, côte à côte. La parade de l'aigle royal est la plus belle de toutes : les deux oiseaux enchaînent piqués vertigineux, chutes libres et chandelles... en se tenant par les serres, comme s'ils dansaient ensemble.

L'amooooour...

Les hiboux et autres rapaces nocturnes n'ont pas cette possibilité : alors, pour compenser, ils donnent de la voix. Hou-hoûûû : eh oui, les hululements qu'on entend dans les forêts la nuit (surtout l'automne et l'hiver ainsi qu'au début du printemps) sont le fait des mâles qui chantent la sérénade pour leur douce !

Qui couve ?

La femelle le plus souvent, nourrie par le mâle, qui chasse pour elle. Mais certains rapaces, adeptes du partage des tâches, couvent à tour de rôle : c'est le cas de la bondrée, du vautour, du gypaète (sauf la nuit où c'est la femelle qui s'y colle pendant que le mâle dort !). Chez l'aigle royal, le mâle relaye la femelle quand celle-ci part chasser.

Pendant combien de temps ?

La période d'incubation dure 1 mois en moyenne. Elle est plus longue chez les gros rapaces : 45 jours pour l'aigle royal, jusqu'à 2 mois pour le vautour.

Combien pondent-ils d'oeufs ?

Le nombre varie selon les espèces. On peut retenir une règle : plus l'oiseau est gros, moins il pond. Le vautour fauve ne pond qu'un œuf, par exemple, l'aigle royal 1 ou 2, parfois 3. L'épervier en pond entre 3 et 5, le faucon crécerelle jusqu'à 6.

Pas tous en même temps !

Les gros rapaces ne pondent pas tous leurs œufs à la suite : il peut y avoir un intervalle de plusieurs jours entre les pontes. Cela signifie que les oisillons ne naissent pas tous en même temps : il y a un aîné, puis un cadet, parfois un benjamin...

Qui s'occupe des oisillons ?

Mâle et femelle chassent et nourrissent leurs petits ensemble. Chez l'aigle royal ou le hibou grand-duc, cependant, seule la femelle distribue la nourriture, même si celle-ci est apportée par le mâle. Mômannn... j'ai faiiiim !

Au secours, des monstres !

Les bébés rapaces ont une drôle d'allure : ils naissent couverts d'un duvet hirsute, blanc ou très clair, qui tombe au bout de quelque temps pour devenir gris. Ce second duvet se détache ensuite par lambeaux au fur et à mesure que leurs plumes poussent, donnant aux jeunes oiseaux un côté mal lavé, pas bien réveillé, plutôt comique. On dirait des Gremlins !

Quand quittent-ils le nid ?

Les bébés rapaces mettent du temps à grandir, plus que les autres oiseaux. Tous restent au nid, sans en sortir, pendant 1 mois au minimum, et plus de 100 jours pour les grandes espèces (vautour, gypaète, etc.). Ensuite a lieu leur premier vol. Mais cela ne signifie pas qu'ils quittent leurs parents : ils restent avec eux pour apprendre à bien voler et à chasser une longue période encore : de un à plusieurs mois, et même parfois plus d'un an !

Chouchou !

Le (ou les) premier-né de la couvée est souvent le préféré : il est nourri en premier et a les meilleurs morceaux. Chez l'aigle ou le gypaète, le cadet est tellement défavorisé qu'il est souvent condamné à mourir !

Comment se passe le premier envol ?

Certains se jettent directement dans le vide, tel l'aiglon. C'est la faim qui l'y pousse : quand il atteint la fin de sa croissance, ses parents arrêtent tout simplement de le nourrir ! Alors il n'a pas le choix, il se lance... D'autres, comme les bébés chouette et hibou, sont plus timorés : ils commencent par se promener en sautillant sur les branches aux abords de leur nid, de façon plutôt comique, avant d'oser s'envoler !

À la découverte du monde

Après avoir pris leur indépendance, les jeunes rapaces vagabondent à travers le monde – certains, les plus grands, se déplacent sur des milliers de kilomètres. Les voyages forment la jeunesse ! Puis un jour, ils élisent un partenaire, un territoire, et ils commencent à se reproduire. Alors... fini la vie de bohême !

LES PRINCIPALES ESPÈCES

On distingue, d'une part, les rapaces diurnes, qui comptent 5 grandes familles et recensent 290 espèces au total. De l'autre, les rapaces nocturnes, qui se différencient en 2 familles et comptent 174 espèces. Voici ceux que l'on peut observer en France.

LES RAPACES DIURNES

Le circaète Jean-le-Blanc

Il a le plumage clair et les yeux plus rapprochés que ceux des autres rapaces diurnes : il possède une vision binoculaire (en relief) très efficace qui lui permet de détecter le moindre reptile se faufilant sur le sol. Adapté au climat sec, il niche à la belle saison dans le Sud ou le Centre.

Les aigles

– **L'aigle royal** mesure jusqu'à 2,20 m d'envergure et pèse jusqu'à 6,600 kg (la femelle étant plus grosse que le mâle, comme chez la plupart des rapaces). Avec sa grande taille, son habit sombre et son regard impérieux, il est considéré comme le roi des oiseaux. Sa majesté en vol n'a pas d'égal. Il établit son aire entre 250 et 2 250 m d'altitude dans les Alpes ou les Pyrénées.
– **L'aigle botté**, plus petit (1,30 m d'env., 900 g max.), apprécie les milieux boisés jusqu'à 1 600 m d'altitude et fait son nid dans les arbres. Il doit son nom aux culottes de plumes qui ornent ses longues pattes. On le rencontre dans le Massif central et le Pays basque.
– **L'aigle de Bonelli** (1,80 m d'env., 2,160 kg max.), adapté au climat sec, vit dans les montagnes méditerranéennes.

Le vautour fauve

Il est reconnaissable à ses ailes démesurées (2,70 m d'env., 8,200 kg) et à sa tête déplumée, enfoncée dans une collerette blanche. Il niche en altitude, dans les Pyrénées et les Cévennes. C'est un charognard pur. Très sociable, il vit en colonies.

Le gypaète barbu

Cet immense rapace sombre aux reflets argentés en vol (2,80 m d'env., 7 kg), est reconnaissable à sa tête blanche emplumée (hormis un bandeau noir sur l'œil lui donnant un air de pirate). Surnommé le « casseur d'os », il vit en haute montagne (Alpes, Pyrénées, Corse).

Le percnoptère d'Égypte

(1,70 m d'env., 2,400 kg) : petit vautour aux allures de cigogne appréciant les climats secs et chauds. Il affectionne les charognes, comme l'indique sa tête déplumée et ses pattes roses peu griffues, adaptées à la marche. Il adore aussi gober les œufs ! C'est un migrateur, qui passe la mauvaise saison en Afrique du Nord.

Les milans (royal et noir)

Ces grands rapaces (de 1,20 m à 1,70 m d'env., 1 kg) sont à la fois charognards et chasseurs. Le milan noir, plus sombre, est un nettoyeur qui se nourrit de détritus en tout genre. Le milan royal, au plumage roux et à la queue échancrée, chasse davantage. Tous deux migrent en Afrique à la mauvaise saison.

La bondrée

Elle se nourrit presque exclusivement de guêpes et de leurs larves. Ses yeux sont entourés de petites plumes très serrées, semblables à des écailles, qui la protègent de leurs piqûres ! C'est une migratrice.

La buse variable

La buse variable, dont le plumage varie selon la saison, allant du brun au blanc, est très répandue. Elle fut longtemps la bête noire des paysans, qui croyaient qu'elle s'attaquait à leur bétail. Elle ne se nourrit pourtant que de rongeurs, reptiles, taupes, oiseaux ou insectes ! La buse pattue (1,55 m d'env., 1,100 kg) est sa cousine du Nord. Blanc et noir, elle niche l'été sur la toundra et migre chez nous l'hiver.

Les busards (des roseaux, Saint-Martin, cendré)

De taille moyenne (de 1 m à 1,30 m d'env., de 400 à 600 g), ils fréquentent les zones humides (prairies, marais, landes). Leurs ailes fines et allongées en font des voltigeurs, au vol souple et acrobatique.

L’autour des palombes

Il se caractérise par ses ailes arrondies et son plumage blanc ardoisé. Spécialiste des attaques surprises, il se cache à la lisière des bois ou sous les haies pour capturer rongeurs, écureuils et oiseaux.

L’épervier

Ce tout petit rapace (80 cm d’env., 280 g) très familier a un plumage gris ardoisé et des ailes assez larges. Il chasse comme l’autour et fait son nid dans les haies et les bosquets.

Le balbuzard

Ce grand rapace (1,88 m d’env., 1,700 kg) est l’unique représentant d’une famille à part. Très spécialisé, il se nourrit de poissons et vit près de l’eau. Le dessous de ses serres est couvert de crochets, pour mieux harponner ses proies. Présent en Corse, dans le Sud et en Sologne. Rare.

Les faucons

Ils sont reconnaissables à leurs ailes effilées, en forme de faux.
- **Le crécerelle** (82 cm d'env., 270 g). Spécialiste du vol « en saint-esprit » (un vol battu sur place), il se nourrit de campagnols et vit dans les champs.
- **Le crécerellette** (66 cm d'env., 145 g), plus petit, se nourrit surtout d'insectes. Il migre en Afrique pendant l'hiver.
- **L'émerillon** (69 cm d'env., 255 g) vit sur la toundra et migre chez nous l'hiver.
- **Le hobereau** (84 cm d'env., 340 g) : son corps fuselé, ses ailes fines et pointues en font un expert de la vitesse et des acrobaties.
- **Le pèlerin** (1,13 m d'env., 1 kg), roi des faucons, grand, très élégant, spécialiste de la capture d'oiseaux en plein vol et artiste du piqué ! C'est le guépard des oiseaux, le plus rapide. Grand migrateur, il peut aussi être sédentaire.

LES RAPACES NOCTURNES

Les hiboux

- **Le grand-duc** (1,80 m d'env., 3,200 kg) est le géant des nocturnes. On le reconnaît à ses longues aigrettes, qui forment des oreilles sur sa tête : en cas de stress, il les couche sur son crâne comme le font les chats ! C'est une espèce rare, présente surtout en montagne chez nous (Massif central, Alpes du Nord et du Sud, Jura, Vosges).
- **Le moyen-duc** (1 m d'env., 300 g), moins gros, plus répandu. Il vit dans les marais boisés, le bocage, les vergers.
- **Le petit-duc** (54 cm d'env., 92 g), ce tout petit hibou de 20 cm de haut fait la taille d'un étourneau. Il vit à proximité de l'homme dans les jardins, les bosquets, les vergers et jusque dans les villages. On le repère à son chant nocturne : une succession de « tiou-tiou », ponctuée de silences, fort mélodieuse. Il anime les soirées d'été dans les villages de Provence et de Corse !

L'effraie des clochers

Cette chouette, blanc crème sur le ventre, avec des ailes rousses sur le dessus, est surnommée la « Dame Blanche ». Elle se caractérise par son masque facial blanc, en forme de cœur, et son cri chuinté. Elle niche souvent en haut des clochers, d'où son nom.

Tenue de camouflage

Les chouettes et les hiboux ont un plumage qui imite l'écorce des arbres et leur permet de passer inaperçus en plein jour lorsqu'ils dorment, perchés sur une branche ou devant leur vire. Si un intrus approche, ils ont une astuce : ils allongent leur corps, yeux fermés bien sûr, pour prendre l'apparence… d'un bâton !

La chouette hulotte

Elle nous est familière, avec sa tête ronde et ses yeux à l'iris noir (contrairement à la plupart des rapaces, chez qui il est jaune ou orangé). Qu'elle soit rousse ou grise, son plumage varie avec la saison pour mieux la camoufler. Résistante au froid, elle fréquente tous les endroits peuplés d'arbres, jusqu'à 1 500 m.

Le sais-tu ?

Le cri tremblé de la chouette hulotte est celui qui sert d'ambiance sonore à la plupart des scènes de films nocturnes. Il lui a valu autrefois le surnom de « chat-huant ». Cette chouette, très maternelle avec ses petits, les défend bec et ongles au besoin : elle peut même s'attaquer à l'homme s'il s'approche trop près de son nid. Attention !

La chouette de Tengmalm

Cette chouette nordique loge uniquement au cœur de futaies montagnardes (Jura, Alpes, Pyrénées, Massif central, mais aussi Bourgogne). Loge dans le trou creusé par les pics noirs, souvent dans le tronc des hêtres.

La chevêchette

Cette petite boule de plumes à l'air renfrogné, vit dans les forêts de sapins ou d'épicéas des Alpes et du Jura. Elle est souvent diurne ! Elle loge dans le trou creusé par les pics dans le tronc des arbres.

La chevêche

Cette petite chouette à l'air revêche (61 cm d'env., 198 g) est facile à reconnaître avec ses yeux jaunes et son crâne aplati. Elle se plaît à la campagne. Pas très farouche, on peut l'apercevoir facilement, même en journée, perchée sur une souche à la recherche d'insectes.

Crédits photographiques

Shutterstock.com – Alba Casals Mitja : 40 m ; Alexander Prosvirov : 31 h ; Anatoliy Lukich : 33 h ; Andrew Astbury : 20 ; Andrew Swinbank : 47 m ; Anjo Kan : 11 ; belizar : 40 b ; Bildagentur ; Zoonar GmbH : 14 b ; Chris Hill : 6 b ; Dennis Jacobsen : 41 ; Dmitri Gomon : 27 b ; Don Mammoser : 4 ; Dr. Morley Read : 23 h ; duangnapa_b : 9 b ; Eric Isselee : 37 h, 47 b ; Erni : 22 h, 31 b, 38 h ; fernando sanchez : 7 ; FloridaStock : 37 b ; Galabin Vasilev Asenov : 44 ; Iakov Filimonov : 35 ; Javier Valladares : 25 m ; Johannes Dag Mayer : 26 m ; Kuttelvaserova Stuchelova : 36 g ; Marcel Paschertz : 24 ; Marcin Perkowski : 34 h ; Mark Bridger : 20-21, 45 b, Mark Bridger : 46 d ; Mark Caunt : 10 h, 25 h ; Martin P : 27 h ; Maxim Petrichuk : 13 h ; Menno Schaefer : 18 h, 34 b ; Michael Shake : 13 b ; Michael Wick : 8 b ; Michal Ninger : 9 h, 26 h, 40 h, 47 h ; Montipaiton : 10 b ; mycteria : 30, 32 d ; nattanan726 : 38 b ; ODM Studio : 8 h ; Ondrej Prosicky : 23 b, 34 bd, 43 h ; Pavel Mikoska : 39 h ; Peter Krejzl : 12 ; Peter Schwarz : 19, 33 b ; Pictureguy : 28 ; Piotr Krzeslak : 6 h, 29 b, 42 ; Raimon Santacatalina : 17 ; Richard Whitcombe : 45 h ; Roberto Cerruti : 39 b ; Shackleford-Photography : 22 b ; Targn Pleiades : 14 h, 15, 16 m, 18 m ; Tom Reichner : 38 m ; Tomas Hilger : 46 g ; Victor Tyakht : 29 bg, 43 b ; Vladimir Kogan Michael : 16 b, 32 b, 36 d ; Vladimir Melnik : 29 h ; Vladimir Wrangel : 41 h.

Dessins : Denis Davydov/Shutterstock.com, Maquiladora/Shutterstock.com, Tomacco/Shutterstock.com, Yayayoyo/ Shutterstock.com ; Flèche : Inka1/Shutterstock.com ; Folio : Gallinago_media/Shutterstock.com ; Silhouette : Gallinago_media/Shutterstock.com.